O, flexamina atque omnium regina rerum, oratio

RODAMONTE

*

J. Ruyra
(edición de Mariano Martín Rodríguez)

Editorial LEDORIA
J   M   R

I.S.B.N.: 978-84-19887-48-1
Depósito Legal: TO-11-2025
* Calle del Conde de Casal, núm. 47
Las Ventas con Peña Aguilera (Toledo)
* Calle de la Fuente del Moro, núm. 6
Toledo
Teléfono: 925 25 13 81
Correo electrónico de contacto: info@editorial-ledoria.com
www.editorial-ledoria.com

Quienes hollamos las calles de Toledo hemos recibido de nuestros antepasados una herencia que no podemos sino admirar, aunque a veces nos abrume su grandeza. El abnegado esfuerzo de muchos dio frutos en forma de novelas, lienzos, piedras labradas, tradiciones orales...

Nuestro deber es continuar tan noble labor y no servirnos de ella sin aportar nada nuevo. También hay otra razón insoslayable: el amor, quiérese decir, el amor por Toledo. Todo aquello con lo que podamos contribuir para ensalzar el «dulce nombre de Toledo» no es más que una necesidad desinteresada, porque

Toledo es, como la madre naturaleza, nuestra madre. Amamos Toledo y no esperamos nada a cambio.

Quienes han de venir contribuirán con sus desvelos al mismo propósito, así pues, que nadie pueda decir de nosotros que no velamos.

RODAMONTE

I

—Extranjero soy en esas tierras de Toledo. Hoy por primera vez contemplo esa vega y esa ciudad y ese cielo lleno de luz. Los húmedos herbazales del Tajo mojan en mis zapatos el polvo de una tierra lejana. Vengo de París, de aquella gran ciudad que se dilata entre las nieblas del Sena, de aquella gran ciudad, capital de Francia, donde mora Carlos Martel. Carlos Martel, a quien vosotros, oh moros, conocéis de sobra, es mi padre. Estoy viajando por todas las naciones y ahora he querido venir aquí para conocer a mis enemigos naturales. Sin embargo, vengo de paz, oh moros... Respetad a un extranjero. Decidme dónde está el palacio de Galafre, vuestro príncipe, o mejor todavía, presentadme a él, que sin duda no me negará la hospitalidad.

Así dice un joven apuesto y gallardo a dos barbudos moros que le escuchan impasibles sentados sobre unas rocas.

—Sé bien venido, hijo de Carlos Martel —le dice uno de los moros—. Nosotros somos palafreneros de Galafre y te llevaremos gustosos a su presencia. Pero habrás de esperar a que aquellas dos yeguas blancas que se bañan en el Tajo salgan del río, porque de otro modo nos exponemos a perderlas. ¡Míralas qué hermosas son! Su cabeza es pequeña y airosa, y cuando relinchan, muestran entre sus sonrosados labios una hilera de dientes blancos como el jugo de la lechetrezna. Sus grupas se redondean espaciosas. Sus ojos parecen dos brasas de fuego avivadas por un fresco viento. Esas dos yeguas tan hermosas pertenecen a nuestra soberana señora la infanta Galiana. Se las regaló el miramamolín de Damasco y ella las ha puesto tal cariño que, si llegáramos a perderlas, se enfadaría con nosotros y sin duda seríamos terriblemente castigados. Cada día, durante todo el verano, las conducimos aquí para que se refresquen en las aguas del río. Mientras nadan, no las quitamos el ojo y las voceamos desde esta roca para que no se acerquen a los remolinos que podrían engullirlas. Siéntate junto a nosotros. Cuando las dos yeguas salgan del baño, te conduciremos al palacio del poderoso Galafre.

II

Se sienta Carlos junto a los dos moros, que siguen con los ojos todos los movimientos de las yeguas. Carlos no mira las yeguas. Respira con fruición el aire salutífero que agita las acacias en flor y cuyo soplo empuja las ondas del río azul. Sus miradas vagan por los distantes montes y por las profundidades umbrosas de la selva.

—Jamás, jamás, jamás en mi vida había visto un paisaje más encantador. Aquí todo es lozano y frondoso. Los álamos se elevan a través de las nubes para bañar en el sol su cimera florida. El follaje del sauce es abundoso como la cabellera en una cabeza juvenil. Las sombras y la luz y el aire, todo es agradable. Mi pecho se ensancha. Fluye una sangre ardiente de mi corazón. Tengo ganas de encontrar una mujer hermosa para enamorarla y amarla apasionadamente.

Los moros impasibles dejan escapar una ligera sonrisa al oír las exclamaciones del entusiasmado mancebo. Las blancas yeguas relinchan en el baño.

III

—Mancebo francés, nuestra patria es un paraíso, es la patria del amor. Estéril, triste, desierta es, si se compara con esta, la tierra donde tu padre conquistador ha plantado sus banderas. En todos sus dominios no hay una provincia como la provincia de Toledo.

Así decía gravemente uno de los moros. Así el otro moro añade con reposada voz:

—Nuestro suelo es caliente como el seno de una madre. Nuestras ciudades son bellas y populosas. Ni las catedrales, ni los palacios de París son comparables a nuestros palacios y mezquitas. Mira entre aquellos montes el palacio alcázar de la infanta Galiana. Sus cúpulas son doradas y entre ellas se levantan mil torrecillas como los estambres que salen del seno de una flor. Sin embargo, el que le ha visto por dentro no admira ya su exterior jamás, porque las maravillas que encierra el palacio valen infinitamente más que sus cúpulas y su soberbia fachada.

El moro se extasía contemplando aquel magnífico edificio que aparece a lo lejos en medio de las alamedas del Tajo. Los dos impasibles moros guardan silencio. Las yeguas relinchan en el baño.

IV

—Hártate, mancebo francés, hártate de mirar el alcázar de la infanta Galiana —dice uno de los moros—. Te repito que, si su exterior es portentoso, mil veces más hermoso es su interior y más hermosa todavía la noble señora que lo habita. Sirven a la noble señora cien doncellas, todas gentiles y graciosas por quienes arden en amor los más famosos caballeros del reino. La noble señora sobrepasa en belleza a todas sus camareras. Pero su padre, que la reserva para un esposo de sangre real, no permite que nadie la corteje, ni que nadie se adorne con sus colores. No la deja salir nunca del palacio. Sin embargo, a pesar de los velos y las celosías y los cerrojos, demasiados jóvenes han podido verla lo suficiente para quedar locamente enamorados de ella. Así muchos jóvenes guerreros suspiran tristemente, muchos jóvenes guerreros se consumen de amor. Pero ninguno siente una pasión tan profunda como el infeliz Rodamonte.

El hijo de Carlos Martel escucha silencioso los discursos del moro. Las yeguas relinchan en el baño.

V

—Si has peleado en las batallas de tu padre, príncipe Carlos, debes de conocer muy bien a Rodamonte, el más famoso de nuestros guerreros. Es un jinete de color atezado y monta un caballo gris de rozagantes crines, cuya figura salvaje le hace notable entre todos los corceles de nuestros jinetes. ¡Sin duda que conoces a Rodamonte! Es el más audaz y feroz y, al mismo tiempo, hidalgo como Rabhio. Difícil sería de contar el número de enemigos que ha descabezado su curvo alfanje. Ahora ya no debéis temerle, príncipes cristianos. El gran guerrero no piensa en las victorias, sino en una mujer, en la bella Galiana, cuyos encantos le han emponzoñado el corazón. Continuamente ronda alrededor del alcázar de la infanta y solo se aparta de allí por la noche, cuando se cierran las celosías. Entonces huye a la selva. En la selva, a la luz de la luna, le vi una vez, le vi que estaba llorando de pie junto a un viejo alcornoque. Sus lágrimas manaban hilo a hilo. Temblaba sin cesar la tierna mata de romero sobre la que caían. El infeliz Rodamonte no come ni duerme ya bajo techado. Una piedra es su mesa y las yerbas y raíces de la montaña son su comida cotidiana. Ha preferido que sus bienes fuesen confiscados, ha preferido huir de su casa antes que dejar de adornarse con los colores de su amada acatando las crueles órdenes del poderoso Galafre. En medio de sus desventuras ha hecho un voto terrible. Ha pensado matar al que se case con la señora de sus pensamientos, ha pensado matarle el mismo día de los desposorios antes que la luz de las estrellas llame a los novios al lecho conyugal.

La tarde declina. Las sombras de los álamos se tienden sobre la vasta vega. Las yeguas nadan reposadamente en el río.

VI

—Tú, que has visto a Rodamonte en medio del polvo de las batallas, no le reconocerías ahora en las verdes llanuras de Toledo. Está pálido y demacrado, y su mirar es lánguido. Sin embargo, no se ha debilitado todavía tanto su fuerte brazo que no atemorice a los varones más esforzados. Siete príncipes vinieron de remotas regiones con intención de solicitar la mano de la bella infanta Galiana. Eran siete príncipes ricos, llenos de majestad y valentía, cuatro moros y tres cristianos. Pero cuando tuvieron noticia del terrible juramento hecho por Rodamonte, se retiraron sin llevar a cabo su intento, tan temido es su alfanje, ¡oh gran guerrero toledano! Oh, bien quisiéramos nosotros que se ablandase al fin el inflexible Galafre. Bien quisiéramos que se casase al fin Rodamonte con la que le ha enfermado del mal de amor, y que Galiana y él reinasen en largos años sobre nosotros y nuestros hijos. Pero mucho temo que el cielo desoiga nuestros votos. Tú, oh príncipe Carlos, que hablarás con nuestro soberano, aboga por el guerrero infeliz.

Los moros se levantaron. Las blancas yeguas salen del río relinchando.

VII

Los dos palafreneros conducen a la presencia de Galafre al príncipe Carlos. Galafre se muestra muy contento de poder agasajar al gallardo hijo del gran rey de París. Le recibe con los brazos abiertos y le hace sentar a su lado en el trono, donde pasan largas horas en sabrosa plática. Luego le hace servir una espléndida comida. Patos silvestres, perdices, plateados peces hijos de las claras ondas del lago, mil guisos excelentes, mil variados platos presentan los criados al regio comensal. Mientras dura la comida, tres trovadores tañen sus guzlas de marfil y entonan alegres cantares. Después aparecen varias esclavas con canastillas llenas de hierbas aromáticas, de exquisitas frutas y de jarros en que rebosa aquel vino incomparable que se cría en los ribazos de Málaga. El príncipe Carlos se siente verdaderamente feliz. Sus ojos brillan más que de ordinario y la sonrisa entreabre sus rojos labios.

VIII

Así le dice Galafre a su noble huésped:

—Si he de hablarte con franqueza, oh príncipe, ahora que has comido y que has descansado de las fatigas del viaje, me pareces otro hombre que cuando llegaste. Tu frente es más serena, tus mejillas más frescas y tu cuello más largo y gentil. Hasta parece que tu cabellera rubia desciende más copiosa y brillante sobre tus anchos hombros. Eres un guapo mancebo. Si quieres complacerme, déjame que te presente a Galiana, a la infanta, mi hija idolatrada. Si ella fuere de tu gusto y la quisieres tomar por esposa, de buena gana te la daría. El matrimonio me aseguraría una eterna alianza con tu guerrero padre el gran rey de París, que tantas veces ha peleado honrosamente conmigo. ¡Oh! Tú y Galiana formaríais una buena pareja.

Así dice Galafre en tono de broma, levantándose de la mesa y cogiendo la mano del príncipe Carlos.

IX

Acompañado por Galafre entra Carlos en el lujoso alcázar de la infanta. Entrambos atraviesan largos corredores iluminados por el sol, cuyos rayos se matizan al pasar por los vidrios de colores de las anchas ventanas. Son innumerables las ventanas de aquellos corredores y debajo de cada una de ellas está de centinela un eunuco sentado en tierra con las piernas cruzadas y la lanza sobre las rodillas. Al fin entra Carlos en unos grandes salones tan ricamente alfom-brados que hasta se duele de profanarlos con sus pies. Allí se respira un aire embalsamado, porque los pebeteros llenos de esencias orientales humean constantemente. Entre el humo de los pebeteros se aparecen vagamente las mil estatuas del salón, que parecen un coro de bienaventurados reunidos bajo las bóvedas de un edificio celeste. Pero ningún salón es tan admirable como aquel que la infanta suele pasar las tardes solazándose con sus doncellas. Cuando Carlos entró en él, quedó como alelado y reprimió el aliento, temeroso de empañar las brillantes paredes. Galafre se adelantó hacia la infanta y dijo:

—Hija mía, tengo el honor de presentarte al príncipe Carlos, hijo de aquel guerrero esforzado que se llama Carlos Martel y que ocupa el trono de Francia.

X

La infanta, rodeada de todas sus camareras, está sentada en un adamascado sofá. Sus pies de color de rosa se apoyan desnudos sobre un blando taburete. Al oír la voz de su padre, yergue la cabeza y lanza luego una mirada al príncipe Carlos. El príncipe Carlos se queda todo ruborizado. Mira también un momento a la infanta con avidez... Pero enseguida baja los párpados y permanece inmóvil y mudo. En tanto la hermosa Galiana, incitada por el pudor, cubre con rápido movimiento su blanca pierna ceñida de ajorcas de oro, su blanca pierna que asomaba casualmente al descubierto entre los pliegues de su traje oriental. El príncipe Carlos va serenándose y, libre ya de la turbación que trababa su lengua, dice, acercándose a la infanta con aire distinguido:

—Señora mía, os suplico que me permitáis engalanar mi bonete con vuestros colores favoritos o, cuando menos, marcarme con la divisa de vuestros esclavos.

Así dice con voz grave y sonora, inclinándose profundamente.

XI

El príncipe Carlos acaba de casarse con la encantadora Galiana. Los dos novios se pasean por el jardín asidos del brazo. No se dicen nada, nada absolutamente. Pasean silenciosos entre las largas hileras de acacias. De vez en cuando se miran con embeleso y se sonríen dulcemente. De vez en cuando se detienen, ella deja caer lánguidamente la cabeza sobre el hombro de su amado y entrambos elevan al cielo sus ojos resplandecientes. Así permanecen mucho rato extáticos y silenciosos. Luego vuelven a pasearse entre las frondosas acacias.

XII

La gran ciudad de Toledo está de fiesta, está de regocijo. Los palacios, las torres y hasta las almenas de las murallas están adornadas con colgaduras y banderolas. El alcázar de la infanta presenta un aspecto sorprendente. ¡Qué animación en su interior!

A los pastores que a la hora del crepúsculo le contemplaban desde la montaña les causó un efecto extraño y sorprendente. De las airosas torrecillas a lo largo de las cuales se abren pequeñas ventanas distribuidas a intervalos como los agujeros de una flauta, brotaban suavísimos aromas, y los sencillos pas-

tores creían que efectivamente se habían convertido en tubos de gigantes con flautas y que ángeles
invisibles soplaban en ellas y las hacían resonar. En
cambio, al infeliz Rodamonte, lleno de amargura y
desgarrado por los celos, todo aquel aparato de fiesta
le parecía obra del negro demonio. Su garganta se
contraía, no podía llorar y se sentía morir.

XIII

Cierra la noche, noche apacible y serena. Carlos oprime con su brazo tembloroso el brazo de su amada. No se atreven a decirse que aquella noche ha de colmarles de felicidades, pero entrambos la bendicen con todo su corazón. Él exclama:

—¡Qué bien hemos hecho en huir de los salones, dejando por un momento a los convidados para venir a gozar del espectáculo de una noche tan bella! ¡Qué augusto silencio! ¡Cómo brillan las estrellas!

Y ella dice:

—¡Bendita noche!

Y él añade con gravedad y ternura, en tanto que

estrecha entre las suyas la blanca mano de su amada:

—¡Noche bendita y santa! Cuando el padre de familia ve que sus hijos, cansados de trabajo, inclinan la frente vencidos del sueño, extiende sobre ellos su ancho manto; así Dios, el gran padre de familia, tras el ardoroso día, extiende sobre el mundo su manto estrellado, diciéndole: «Descansa en paz». Dios, que vela, nos está mirando, oh amada mía. Deja que, en su presencia, con religioso respeto, estampe en tu mejilla el ósculo conyugal, el ósculo de nuestra unión eterna.

XIV

Ya Carlos acerca sus labios rojos a la aborrachada mejilla de su amada, que tiembla de emoción y rubor. En aquel momento aparece entre los dos amantes un hombre de gigantesca talla, un guerrero armado de todas armas. Les separa bruscamente y, encarándose con Carlos, le dice:

—Hijo de Carlos Martel, yo te desafío a muerte. Si blasonas de honrado y valiente, no te negarás a esgrimir tu espada con la del infeliz Rodamonte... Oh, tenía ganas de asesinarte y de asesinar también a la dama por quien suspiras. Me alegraría de que hoy fuese el día del juicio final. Sin embargo, a pesar de mi pasión, he determinado proceder con lealtad. Te traigo una espada, un yelmo y una coraza. Ármate con ellos y empiece cuanto antes el combate, el combate a muerte. Si venzo, te cortaré la cabeza y la clavaré en la puerta del jardín y, si tú sales vencedor, haz si gustas lo mismo conmigo.

—Sea, pues, este el pacto del duelo —exclama Carlos—. En guardia, Rodamonte.

Los dos rivales se ponen en guardia. Galiana yace desmayada en el suelo.

XV

Las espadas chocan, giran en el aire, se levantan y vuelven a caer. Tres veces la de Rodamonte ha golpeado sobre el yelmo de su rival. Tres veces la de Carlos ha resbalado chispeando sobre la coraza de Rodamonte. Los dos adalides se embisten llenos de coraje, deseando terminar cuanto antes aquella lucha. Se acercan tanto uno a otro que ya no les sirven las largas espadas. Entrambos las arrojan y echan mano de las curvas dagas. Se abrazan y procuran levantar la diestra para herirse mutuamente. Apoyan una contra otra sus rodillas y forcejean para derribarse, hincando tan fuertemente los pies en tierra que ahogan el suelo por donde pasan. Por fin aparece en el aire una daga tinta en sangre. Sin embargo, continúa todavía el combate y es difícil determinar cuál de los dos rivales ha sido herido. Pero a poco rato Rodamonte se desprende de los brazos de Carlos, da cuatro pasos bamboleando con la mano apretada al corazón y cae bañado en sangre.

XVI

Carlos y Galiana vivieron muchos años felices en la corte de París, en la que reinaron tras la muerte de Carlos Martel. Ella se hizo cristiana y él ensanchó tanto su imperio y ganó tantas batallas que sus pueblos le denominaron Carlos el Grande. Cada año hacían un viaje a Toledo y se alegraban al ver la vega y el rico alcázar de la infanta donde moraba el anciano Galafre. Carlos no dejaba nunca de ir a ver la puerta del jardín donde estaba clavada la cabeza de Rodamonte. Allí se arrodillaba y daba gracias a Dios, que le dio fuerzas para matar a aquel gigante.

La cabeza de Rodamonte permaneció clavada en

aquella puerta mucho tiempo, muchísimo tiempo. Mojada por la lluvia y tostada por el sol, se fue desecando y tomó un tinte negruzco. Y es fama que, cuando una pareja enamorada platicando de amores pasaba junto a la puerta, la desecada cabeza daba señales de vida. Se entreabrían los delgados labios como para dejar escapar un suspiro, se descorrían sus negros párpados y aparecían al descubierto sus ojos sombríos. Sus ojos sombríos giraban pausadamente... Miraban primero al mancebo enamorado, después a la dama... Después se amortiguaba su brillo, los párpados les envolvían de nuevo y la cabeza inmóvil e inanimada parecía una vetusta escultura cincelada en medio de los florones de la puerta.

APÉNDICE

EL RODAMONTE DE JOAQUIM RUYRA, UNA VERSIÓN SOBRESALIENTE DE LA LEYENDA DE LA PRINCESA GALIANA

Mariano MARTÍN RODRÍGUEZ

La obra juvenil y toledana de un clásico moderno de la literatura catalana.

Joaquim[1] Ruyra (1858-1939) es un clásico indiscutido de la literatura catalana moderna. Varias de sus obras forman parte del canon escolar y se han tra-

---

[1] En la época de Ruyra, los autores solían poner su nombre de pila en castellano al escribir en esta lengua y en catalán al hacerlo en esta. Como Ruyra dejó sin publicar su obra castellana y en los manuscritos castellanos suyos que hemos podido consultar solo hemos visto aquel nombre abreviado en J., seguiremos la costumbre actual de consignar únicamente la versión catalana del nombre y nos ajustaremos en la leyenda al propio deseo del autor de escribir tan solo la inicial de su nombre de pila, como aparece en la firma al final del manuscrito de *Rodamonte*.

ducido a varios idiomas, como la breve novela *El rem de trenta-quatre*, del libro *Marines i boscatges* (1903), que fue una de las primeras suyas en ser vertida al castellano[2]. Esta narración marinera es una muestra excelente de aquello que le hizo célebre en la literatura de su lengua materna desde principios del siglo XX, esto es, su capacidad de recrear con animada fidelidad las costumbres de su tierra natal, la localidad de Blanes y la provincia gerundense entera, de sus marineros como en *El rem del trenta-quatre* tanto como de sus campesinos y burgueses urbanos de la ciudad capital de la provincia. Ese costumbrismo dista, no obstante, de sus antecedentes

---

[2] Joaquín Ruyra, *La ofrenda del remo*, traducción de Alfonso Nadal, Barcelona, Apolo, 1940.

castellanos y catalanes de la España romántica, pues Ruyra no solo cuida mucho de la amenidad y el ritmo narrativos, sino que también moderniza la propia narración mediante bellísimas descripciones del paisaje de su tierra[3] y, sobre todo, por medio de la adopción de una perspectiva subjetiva, observable en su preferencia por la narración en primera persona[4]. Tal perspectiva introduce en la pintura *realista* de su mundo elementos de alucinación y ensueño,

---

[3] Joan Tort i Donada, «Cuatro escritores (Verdaguer, Ruyra, Pla y Manent) en la conformación del "canon paisajístico" catalán», en *Ería: Revista Cuatrimestral de Geografía*, 73-74 (2007), pp. 351-372 (sobre Ruyra, pp. 358-362).

[4] M. Lluïsa Julià Capdevila, «La forma autobiogràfica en la narrativa de Joaquim Ruyra», en *Els Marges: Revista de Llengua i Literatura*, 45 (1992), pp. 27-43.

pues Ruyra sobresale en la exposición de las manifestaciones mentales de las crisis psicológicas inducidas por situaciones límite, por ejemplo, el naufragio de la embarcación que se narra en *El rem del trenta-quatre* o la perspectiva creída del fin del mundo en otra de sus mejores narraciones, «La fi del món a Girona»[5], del libro *La parada* (1919)[6], en

---

[5] Una reedición catalana exenta, con prólogo de M. Lluïsa Julià Capdevila, es la siguiente: *Joaquim Ruyra, La fi del món a Girona*, Girona, Ajuntament de Girona-Generalitat de Catalunya, 2017. Existe una traducción al castellano: *Joaquim Ruyra, «El fin del mundo en Gerona»*, traducción de Anna Lleonart Ridao, en Mariano Martín Rodríguez (ed.), «Anticiencia ficción: cuatro apocalipsis erróneos», *Hélice: Reflexiones Críticas sobre Ficción Especulativa*, 5, 1 (2019), pp. 139-150. Un artículo anterior, que defiende el realismo de la obra,

la que las reacciones de los gerundenses a un fenó-
meno cósmico inusitado en esas latitudes, una au-
rora boreal, son descritas en términos apocalípticos
por el narrador adolescente, el cual presenta los hechos con realismo, pero también con un tono aluci-
natorio que desborda ese realismo al introducir vi-
siones fantásticas. De esta manera, Ruyra se ajus-
tó a los gustos y la estética de su época, en la que el
realismo ya había alcanzado la hegemonía que aún

---

como es de esperar por la fecha del estudio, es: Carlos de Bo-
lós, «"*La fi del món a Girona*", estampa ochocentista», *Revista de Girona*, 5 (1958), pp. 19-23.
[6] Sobre este libro y su influencia en otros grandes autores
catalanes modernos puede leerse: Lluïsa Julià, «Introducció»,
en Joaquim *Ruyra, La parada*, Martorell, Adesiara, 2021, pp.
7-28.

no ha perdido, pero introducía en él un subjetivismo que debía seguramente a su formación romántica, además de cosmopolita.

Aunque lo local bien puede ser universal, como su obra bien demuestra, Ruyra no se limitó a lo autóctono catalán. Maria Lluïsa Julià, principal estudiosa de la literatura de Ruyra, ha ido rescatando multitud de textos inéditos en catalán del escritor de Blanes que indican que sus intereses literarios eran bastante cosmopolitas. Por ejemplo, Julià ha dado a conocer textos manuscritos tales como una visión dantesca del infierno de los malos clérigos en compañía titulada «Sota la pedra», que figura en el sumario de *Ruyra inédit*, libro editado por ella en 1991. En su introducción, dedicada al estudio de la formación literaria del escritor[7], Julià ofreció también informaciones muy detalladas sobre los numerosos manuscritos custodiados en la casa natal del autor en Blanes. Estos manuscritos, sobre los que Julià se volvería ocupar en otro estudio fundamental de 1992[8], revelan que este clásico moderno de la literatura catalana escribió en su juventud únicamente en castellano, habiendo adoptado el catalán como única lengua literaria tan solo en el otoño de 1890[9]. Esa

---

[7] M. Lluïsa Julià, «La formació literària de Joaquim Ruyra», *Ruyra inèdit*, Girona, Ajuntament de Girona, 1991, pp. 11-61.

[8] M. Lluïsa Julià Capdevila, *Joaquim Ruyra, narrador*, Barcelona, Publicacions de l'Abadia de Montserrat, 1992, pp. 13-42.

[9] Según afirma Lluïsa Julià en *Ruyra: l'home i la seva imatge*, Girona, Fundació Valví, 2010, p. 94 (las traducciones de las citas se deben al autor del presente estudio): «De mitjan

producción castellana suya es bastante amplia y variada, y se caracteriza por la originalidad de sus asuntos. Ruyra fue uno de escasos escritores catalanes y europeos que explotaron literariamente los mitos persas zoroastrianos en una serie de textos aún inéditos que forman el ciclo de *Dévor*, del que solo llegó a publicar en 1917 un capítulo de recreación arqueológica, adaptado por el propio Ruyra al catalán como «Dèvor». También fue uno de los pioneros en tratar

---

setembre 1890 al 23 d'octubre del mateix any escriu *El banquete y la tertulia*, la darrera narració en castellà» [entre mediados de septiembre de 1890 y el 29 de octubre del mismo año escribe *El banquete y la tertulia*, la última narración en castellano]. Este bello cuento maravilloso de ambiente chinesco figura, transcrito por la propia Julià, en su libro *Joaquim Ruyra, narrador, op. cit.*, pp. 271-273.

un tema hoy tan común en la ficción literaria y audiovisual como es el de la invasión extraterrestre de nuestro planeta, habiendo escrito en la década de 1880 una novela titulada *La ley del más fuerte* que, por desgracia, abandonó tras haber escrito varios capítulos que hemos tenido el honor de transcribir y editar en 2024[10].

Menos innovadoras en su contexto cultural español, pero sí en el catalán, fueron sus ficciones legendarias ambientadas en Toledo, una ciudad que, a diferencia de su reputación literaria en otras re-

---

[10] Joaquim Ruyra, «La ley del más fuerte», en Mariano Martín Rodríguez (ed.), «Relatos especulativos latinoeuropeos del pasado al futuro», *Hélice: Reflexiones Críticas sobre Ficción Especulativa*, 10, 1 (2024), pp. 130-160.

giones de Europa, desde Portugal hasta Hungría, apenas ha suscitado el interés creativo de los escritores catalanes. El joven Ruyra, en su época de escritor en castellano, fue una excepción a este respecto. Según las investigaciones de Julià, Toledo fue incluso el centro fundamental de su interés juvenil, hasta el punto de que se podría hablar de un ciclo toledano[11], ya desde sus inicios de su actividad literaria en la década de 1870. Entonces empezó un drama en prosa ambientado en Toledo titulado *Don*

---

[11] *Ruyra inèdit, op. cit.*, p. 24: «La ciutat de Toledo esdevé el seu nucli temàtic fonamental fins al punt de poder parlar del cicle toledà» [la ciudad de Toledo se convirtió en su núcleo temático fundamental, hasta el punto de poderse hablar del ciclo toledano].

Rodrigo, sobre el último rey godo, al que precedía una especie de idilio protagonizado por las ninfas del Tajo. En la década siguiente, pertenecen al ciclo de Toledo dos leyendas ambientadas en su período musulmán y que narran amores desgraciados. Según Julià, se trata de ficciones inventadas con trasfondo histórico y aspecto tradicional[12]. Sin embargo, el carácter inventado solo se refiere a una de ellas, la titulada *Andrea*, aún inédita. Esta versa, según aquella investigadora, sobre los amores en-

---

[12] *Ruyra inèdit, op. cit.*, p. 34: «Es tracta de relats ficticis inventats per Ruyra que busquen en el rerefons històric la inscripció en la tradició» [se trata de relatos ficticios inventados por Ruyra que buscan en el trasfondo histórico la inscripción en la tradición].

tre un príncipe árabe, disfrazado de pastor, y de una hermosa moza toledana, aunque el asunto solo es un pretexto para la descripción lírica y fabulosa de las emociones[13]. En cambio, la otra, titulada *Rodamonte* se basa en un asunto tan tradicional que re-

---

[13] *Ruyra inèdit, op. cit.*, p. 34: «Ruyra explota poc el tema de manera que passa a ser un pretext inicial per explicar els sentiments de desgràcia de la protagonista que deambula per la serralada toledana on, amb la naixença del fill, la narració propicia una visió idíl·lica del món des del cel acompanyats pel àngels» [Ruyra explota poco el tema, de manera que pasa a ser un pretexto inicial para explicar el sentimiento de desgracia de la protagonista que deambula por la sierra toledana donde, con el nacimiento del hijo, la narración propicia una visión idílica del mundo desde el cielo, en compañía de los ángeles].

monta a la Edad Media, el de los amores de la princesa Galiana, hija del rey moro de Toledo, con el príncipe Carlos, el futuro Carlomagno. Pese a ello, la versión de Ruyra introduce numerosos elementos nuevos que realzan su valor. El propio Ruyra era consciente de su calidad literaria, ya que la consideraba su mejor obra en castellano[14], según se desprende de lo que escribió en una carta de 1906 a su amigo el poeta mallorquín Joan Alcover, en la que le ofreció enviársela como muestra, por ser también uno de

---

[14] *Ruyra inèdit, op. cit.*, p. 35: «Ruyra considera encertadament que *Rodamonte* és la seva millor obra castellana» [Ruyra considera acertadamente que *Rodamonte* es su mejor obra castellana]. Julià cita a continuación el texto correspondiente de la carta.

sus escasos textos castellanos que había llegado a terminar. No sabemos si le mandó finalmente la copia en limpio prometida, pero entre los manuscritos juveniles de Ruyra, el de *Rodamonte* es uno de los más legibles, tal y como se aprecia en las fotografías reproducidas en *Ruyra inèdit*[15]. Además, en esa

---

[15] *Ruyra inèdit, op. cit.*, pp. 38-43. Por un descuido de la impresión, las cuartillas fotografiadas no se presentan en orden y en una de ellas aparece cortado el último renglón. La edición que figura en el presente volumen corresponde a la transcripción ordenada del manuscrito, con restitución del renglón ausente, que pudimos consultar en la casa de Ruyra en Blanes gracias a la generosidad excepcional de doña Maria del Vilar Vilà i Bota, eminente arqueóloga, descendiente y derechohabiente del autor. Conste nuestro más sincero agradecimiento a la señora Vilà por su amable autorización para

misma carta, Ruyra se mostraba escéptico sobre el interés de su obra en castellano, salvo aquella leyenda toledana, y como él mismo declaraba difícil entender su propia letra, es quizá comprensible que la diese al olvido, sobre todo tras su paso triunfante a la escritura exclusivamente en catalán. Sin embargo, la obra de un genio de cualquier literatura, aunque sea juvenil, merece estudio y rescate, al menos en un caso como este, en el que las novedades introducidas en *Rodamonte* permiten considerarla una obra que destaca no solo por su maestría estilística y narrativa, sino también por su origina-

---

publicar el manuscrito y poder ofrecerlo así, como una de sus joyas, a la literatura legendaria internacional ambientada en Toledo.

lidad en comparación con otras leyendas románticas acerca de su bella protagonista y sus valientes cortejadores.

La princesa Galiana, heroína de épica medieval y de leyenda romántica

La Toledo medieval la conocemos hoy con justicia por el apodo de «ciudad de las tres culturas», ya que en ella convivían, bajo sus soberanos musulmanes y luego cristianos, comunidades de las tres grandes religiones derivadas del paganismo henoteísta hebreo anterior a nuestra era, esto es, el judaísmo, el cristianismo y el islamismo. Cada una de ellas empleaba una lengua culta propia (el hebreo, el latín y el árabe, respectivamente), mientras que la vida cotidiana se hacía en romance castellano, que pronto se convertiría también en su lengua de cultura común. Tras la reconquista cristiana de la ciudad, este ambiente de convivencia era excepcional en Europa, por lo que no es de extrañar que despertara el interés no solo de eruditos deseosos de conocer los saberes que se trasegaban en Toledo, sino también de los poetas y de su público. Entre los numerosos cantares de gesta medievales, muchos de los cuales tienen su origen en Francia, hubo varios cuya acción se desarrolla al menos parcialmente en Toledo[16], en especial los dedicados a imaginar las andanzas allí del joven Carlomagno, el soberano franco coronado emperador de Occidente en el año 800 que fue el héroe de la llamada materia carolingia.

---

[16] Elena Real Ramos, «Toledo en la épica francesa», *Anales Toledanos*, 14 (1982), pp. 21-48.

Uno de los cantares franceses de las mocedades de Carlomagno más populares entonces y mejor estudiados por los filólogos de nuestros días fue el titu-

---

[17] Tras el libro fundamental de Jacques Horrent titulado *Les versions françaises et étrangères des enfances de Charlemagne* (Bruxelles, Académie Royale de Belgique, 1979), han aparecido varios artículos en castellano sobre el particular, por ejemplo, Francisco Bautista Pérez, «La tradición épica de las *Enfances* de Carlomagno y el *Cantar del Mainete* perdido», *Revista de Filología Española*, 83, 3-4 (2003), pp. 223-247, y Mariano de la Campa Gutiérrez, «Tradición épica francesa y tradición épica española: el *Cantar de Mainete*», en Constance Carta, Sarah Finci y Dora Mancheva (eds.), *Antes se agotan la mano y la pluma que su historia: Homenaje a Carlos Alvar*, vol. 1 (Edad Media), San Millán de la Cogolla, Cilengua, 2016, pp. 525-542. Un trabajo español más antiguo, pero aún interesante es el siguiente: Ramón Menéndez

lado *Mainet* (Mainete)[17]. Este versaba sobre sus hechos de armas juveniles en la corte de Galafre, el régulo de Toledo, entonces semiindependiente del califa cordobés. El principal de aquellos hechos fue la derrota y muerte de otro reyezuelo, el de Guadalajara, su rival en amores por la princesa Galiana (Galienne, en el original), la hermosa hija del monarca de Toledo. Galiana, que detestaba al gigantesco y feroz rey moro (normalmente llamado Bradamante) que pedía su mano, se había prendado del joven guerrero y galán franco, con el que se marcharía a su reino ultrapirenaico y se casaría, previa conversión al cristianismo. Pese a esto último, que

Pidal, «Galienne la belle y los palacios de Galiana en Toledo», *Anales de la Universidad de Madrid*, I, 1 (1932), pp. 1-14.

se ajusta a lo que el público esperaba y exigía en aquella época, esta romántica historia no deja de reflejar el ambiente de convivencia de Toledo, pues Bradamante y el mozo Carlos se tratan con el respeto debido según las reglas de la caballería, habiendo puesto ambos, además, sus armas al servicio del rey toledano. Nada más lejos, pues, del enfrentamiento sin cuartel de dos civilizaciones irreductibles que observamos en el cantar de Roldán y en tantos otros cantares de gesta franceses. Aunque la seducción y conversión de la princesa Galiana puede interpretarse como una especie de *translatio imperii*, desde la hegemonía musulmana a la cristiana[18], su

---

[18] Shirin Khanmohamadi, «Charles in Al-Andalus», *Digital Philology: A Journal of Medieval Cultures*, 8, 1 (2019), pp. 14-28.

leyenda medieval es testimonio de una interconexión cultural que debe sin duda mucho a Toledo.

Este cantar de *Mainet*, que no se conserva íntegro en su original francés, dio lugar a versiones más o menos libres, entre la historia y la novela, en varias lenguas de Europa. En castellano pasó pronto a la crónica, pues la general alfonsí ya lo resume con bastante amplitud, y a partir de entonces se convirtió en materia histórica[19], antes de pasar al roman-

---

[19] Inés Fernández-Ordóñez, «El tema épico-legendario de Carlos Mainete: ejemplo de la transformación de la historiografía medieval hispánica entre los siglos XIII y XIV», en Jean-Philippe Genet (ed.), *L'Histoire et les nouveaux publics dans l'Europe médiévale (XIIIe-XVe siècles)*, Paris, Publications de la Sorbonne, 1997, pp. 89-112.

cero[20]. En el llamado Siglo de Oro, Lope de Vega, que casi no dejó tema sin tratar, dedicó una comedia, publicada en 1638, a los amores de los dos príncipes en Toledo, que tituló *Los palacios de Galiana*. El fénix de los ingenios se basó en las crónicas castellanas medievales, pero introdujo numerosos elementos de su propia cosecha, hasta convertir esta comedia en palaciega y cortesana, con su compleja trama de amores y desamores[21]. Aunque no se cuen-

---

[20] El romance de Galiana se ha conservado en la tradición oral sefardí: S. M. Stern, «A Romance on Galiana», *Bulletin of Hispanic Studies*, 36, 4 (1959), pp. 229-231.

[21] Una detallada y atinada descripción de la obra la ofreció el filólogo alemán Albert Ludwig en su libro *Lope de Vegas Dramen aus dem karolingischen Sagenkreise*, Berlin, Mayer & Müller, 1898, pp. 7-23. Un estudio más reciente es el siguiente:

te entre las mejores de las suyas, tal vez dio pie a otra obra dramática que bien pudo haber sido importante para hacer revivir su asunto en el momento apropiado, cuando el propio género de la leyenda basada en historias y supuestas tradiciones locales estaba cobrando la vigorosa vida que le confirió el gusto del Romanticismo por lo histórico y lo pintoresco a la vez.

En 1844, Tomás Rodríguez Rubí dio así a la imprenta su «drama en tres actos» *La infanta Galiana*[22].

Abraham Madroñal Durán, «Dos comedias para un palacio: *El hijo por engaño y toma de Toledo* y *Los palacios de Galiana*, de Lope de Vega», en Guillermo Laín Corona y Rocío Santiago Nogales (eds.), *Cartografía teatral en homenaje al profesor José Romera Castillo*, vol. 2, Madrid, Visor, 2019, pp. 187-202.

Escrito al estilo de los del Siglo de Oro, como los de su coetáneo José Zorrilla, destaca en su obra y en su época por lo que un estudioso ha considerado su «admirable sobriety and restraint» [admirable sobriedad y moderación][23], además de por su buena arquitectura dramática y finura en la observación de los caracteres. Galiana ya se ha convertido al cristianismo antes de conocer a Carlos, por lo que no extraña que lo prefiera al régulo moro de Guadalajara, el cual sucumbe a un duelo privado provocado por

---

[22] Don Tomás Rodríguez Rubí, *La infanta Galiana*, Madrid, Imprenta de don Antonio Yenes, 1844.

[23] W. F. Smith, «The historical play in the theatre of Tomás Rodríguez Rubí», *Bulletin of Hispanic Studies*, 27, 108 (1950), pp. 221-228, en la p. 223.

Carlos (aquí Martel, no Carlomagno), tras lo cual la pareja huye con sus compañeros cristianos a la cólera del rey moro de Toledo, el cual ha de conformarse finalmente con la voluntad de la hija, para no provocar una guerra con los francos.

Este drama pudo ser una de las causas de la revitalización literaria de la leyenda, ya que así lo menciona en 1845 la recreación en prosa por Eugenio García de Gregorio y González de los amores de «La infanta Galiana», hecha con detalle y con un planteamiento más histórico que literario en esta «anécdota tradicional»[24]. Otra causa pudo ser que Théophile Gautier narrara la misma leyenda, con su ca-

---

[24] *La Crónica: Semanario Popular Económico*, 21 (23-2-1845), pp. 1-2.

racterístico humor irónico, en el capítulo dedicado a Toledo de su *Voyage en Espagne* (versión definitiva, 1845)[25], capítulo que apareció primero en la prensa[26]. La visita a las ruinas del palacio llamado de Galiana le inspiró esta narración, a la que después retornaría, con un estilo similar y cargando en ma-

---

[25] Teóphile Gautier, *Voyage en Espagne*, Paris, Charpentier, 1845, pp. 151-192. La leyenda de Galiana, titulada «Galiana, Karl et Bradamant» según el epígrafe del capítulo dedicado a Toledo (el décimo del libro), figura en las pp. 181-183. Una traducción al castellano de esta leyenda se puede leer, con el título en el epígrafe de «Galiana, Karl y Bradamante», en Teófilo Gautier, *Viaje por España*, traducción de Enrique de Mesa, vol. I, Madrid, Espasa-Calpe, 1920, pp. 233-234. El capítulo dedicado a Toledo ocupa ahí las páginas 195-246.
[26] Théophile Gautier, «Tolède», *Revue de Paris*, I (1841), pp. 201-234; la leyenda de Galiana se encuentra en las pp. 225-227.

yor medida las tintas contra las ficciones caballe-
rescas de tenor medieval, el joven Benito Pérez
Galdós en el primero de sus dos artículos titulados
en conjunto «Las generaciones artísticas en la ciudad de Toledo», en el que figura como la leyenda
toledana a la que dedicó ahí más espacio[27]. También
es irónica la versión atribuida a un guía por Edmond
De Amicis en el capítulo toledano de su *Spagna*
(1873)[28].

---

[27] *Revista de España*, XIII (1870), pp. 209-239, y XV (1870),
pp. 62-93. La leyenda de los palacios de Galiana figura en las
pp. 224-226 del tomo XIII.
[28] Edmondo De Amicis, «Toledo», *Spagna*, Firenze, G. Barbera,
1873, pp. 256-287. La leyenda de Galiana se encuentra en las
pp. 279-281. El capítulo toledano, traducido al castellano, se
encuentra, por ejemplo, en Edmundo De Amicis, *España: Via-*

A estos hitos habría que sumar un estudio filológico que tuvo notable repercusión más allá de los círculos especializados, la tesis de doctorado de Gaston Paris titulada *Histoire poétique de Charlemagne* (Paris, A. Franck, 1865), en cuyo capítulo tercero repasó las versiones europeas del *Mainet*, en el cual se basó el gran escritor checo Julius Zeyer para su propia versión de la leyenda de Galiana, llamada por él *Galena*, en su extenso poema narrativo *Karolinská epopeja* (1896)[29].

---

je durante el reinado de don Amadeo I, traducción de Augusto Suárez de Figueroa, Madrid, *El Imparcial*, 1877, pp. 248-275, dentro del cual la leyenda de Galiana figura en las pp. 268-269.

[29] Miroslava Novotná, «L'histoire de Charlemagne de Julius Zeyer», *Études romanes de Brno*, 37, 1, (2007), pp. 57-67.

En Toledo, la leyenda de Galiana y Carlomagno encontró su primera recreación literaria romántica, que sepamos, en una breve narración de Julián Castellanos titulada «Galiana», dentro de la serie de leyendas de la ciudad reunidas, junto con otras narraciones suyas de libre invención, bajo el título de *El juglar* y el subtítulo de «Colección de cuentos, leyendas y tradiciones» entre principios de enero y finales de junio de 1868 en el semanario *El Tajo*[30]. El relato, escrito con el típico énfasis romántico en lo emotivo, con su reflejo en el paisaje, sigue a Rodríguez Rubí en el carácter privado del duelo entre

---

[30] «Galiana» en la quinta narración de la serie y se publicó en dos entregas: *El Tajo: Crónica Semanal de la Provincia de Toledo*, III, 18 (2.5.1868), pp. 2-3, y 19 (9.5.1868), p. 2.

Carlos y Bradamante, mientras que la tradición más común hablaba más bien de un torneo público entre ambos contendientes, bajo la mirada de Galafre y según los usos de la caballería feudal.

Este duelo a muerte por la mano de la princesa es el asunto principal en varias de las leyendas toledanas de Galiana de la época del neorromanticismo regionalista. Por ejemplo, la descripción detallada, incluidos sus efectos en los cuerpos, del combate entre los dos campeones, con el triunfo *in extremis* de Carlos, es lo que destaca en la narración histórica «Galiana» (1916), de *El Cronista Castellano*[31], y, en mayor medida, en el relato también titulado «Galiana» (1901) y subtitulado «Recuerdos de otros tiem-

---

[31] *Toledo: Revista Semanal de Arte*, II, 28 (6.2.1916), p. 226.

pos» de Adolfo Aragonés[32], el cual lo versificó en 1915 con el mismo título y diferente subtítulo («Tradición árabe-toledana del siglo VIII»)[33].

Un combate público también había ventilado la rivalidad amorosa entre el rey moro y el príncipe franco en «Galiana», la versión de la leyenda escrita por Eugenio de Olavarría y Huarte, publicada en prensa en 1880[34] y en su libro *Tradiciones de Toledo* aquel mismo año[35]. Olavarría aplicó la técnica narrativa

---

[32] *La Campana Gorda*, X, 583 (12.12.1901), p. 2.

[33] *Toledo: Revista Semanal de Arte*, I, 8 (19.9.1915), p. 66.

[34] *La América: Crónica Hispano-Americana*, XXI, 18 (28.9.1880), pp. 13-14.

[35] Hubo también una reedición local toledana, con supresión del último párrafo, en *Toledo: Revista Ilustrada de Arte y Tu-*

realista de su tiempo para conferir un alto grado de verosimilitud a lo contado, sobre todo en lo relativo a las reacciones de los personajes en su ambiente. Un diálogo entre la princesa y su esclava, en el que determinadas alusiones islámicas sostienen su credibilidad cultural, sirve para que Galiana vea más claro en sus sentimientos. No ama al rey moro que la corteja, a quien ve incompatible con su carácter. Carlos, que ha escuchado a escondidas ese diálogo, aprovecha para darse a conocer e iniciar una seducción que la princesa acoge con gusto, en medio un paisaje bellamente descrito. El siguiente capítulo se centra en el régulo de Guadalajara, que Olavarría

rismo, V, 122 (30.5.1919), p. 79; 123 (15.6.1919), pp. 85-86, y 124 (30.6.1919), pp. 93-94.

llama Abenzaide. El carácter vehemente, celoso y violento de este le impide aceptar resignado el desdén de la princesa, pero sí el desafío a muerte que le envía Carlos, con la autorización del rey Galafre. Llegado el día del combate, el narrador pone de relieve el contraste entre la ferocidad del moro y la valentía leal del cristiano afirmando que la simpatía de todos, musulmanes inclusive, se dirigía hacia el paladín franco, aunque es sobre todo a través de la mirada angustiada de la princesa como se describe el duelo, hasta su final feliz para la joven pareja. Sin embargo, Olavarría rompió radicalmente con la tradición al introducir en la leyenda la figura fantástica del espectro del rey vencido, que se aparecía por los parajes de noche y maldecía a la ciudad infiel que había aplaudido la victoria del enemigo de su religión, aparición que se prolongaría hasta que fue capaz de cumplir su venganza indicando por señas al futuro rey Alfonso VI la manera de rendir por hambre la ciudad, cosa que aquel hizo, «olvidando deberes de hidalguía y gratitud»[36]. De esta manera, Olavarría dio la vuelta a la leyenda, al adoptar finalmente la perspectiva del musulmán perdedor.

Otra novedad de esta «Galiana» de Olavarría es la introducción de lo fantástico[37], en su vertiente que

---

[36] Eugenio de Olavarría y Huarte, «Galiana», *Tradiciones de Toledo*, Madrid, M. P. Montoya y Cía., 1880, p. 265.

[37] En puridad, no fue Olavarría el primero en escribir una «Galiana» con elementos sobrenaturales, pues la pareja literaria formada por Manuel de Cuendias y Victor de Féréal (seudónimo de Victorine Germillon, llamada Mme de Suberwick)

hoy se ha dado en llamar gótica, al estilo decimo-
nónico inglés. Mientras que la tradición de Galiana

---

había inventado por completo una nueva leyenda de Galiana
en el apartado dedicado a Toledo de su libro *L'Espagne
pittoresque, artistique et monumentale*, Paris, Librairie Eth-
nographique, 1848 (en realidad, 1847, ya que existe una edición en alemán publicada ese año), pp. 278-304. En sus pp.
284-289 se cuenta cómo la princesa Galiana enferma de mal
de amores por un supuesto esclavo, el cual se presenta en
palacio vestido de beduino para sanarla y llevarse la recom-
pensa prometida por el padre de ella, el rey Galafre. El beduino pide una caja del palacio, de la que extrae una alfombra,
que le sirve para escapar volando con la princesa, tras desci-
frar que la alfombra había sido propiedad y vehículo de la rei-
na de Saba. Como puede deducirse de este pobre resumen,
esta leyenda no tiene nada que ver con la tradición de Galiana y Carlos, sino más bien con el espíritu fabuloso de las fan-
tasías arábigas de Washington Irving.

había sido una de las escasas tradiciones toledanas de las que estaba ausente lo sobrenatural, Olavarría presenta como no dudosa las rondas de la larga sombra a caballo del régulo muerto, entre lamentos y «lanzando rayos de furor por las vacías cuencas de sus ojos»[38].

Al igual que la focalización narrativa en el desgraciado rey moro, al menos en ese último capítulo, aquella imagen macabra tal vez influyó en Ruyra al escribir este su propia versión de la leyenda de Galiana. Esta hipótesis no puede darse por segura al no estar fechado el manuscrito de su *Rodamonte*, pero el libro de Olavarría se convirtió pronto en la

---

[38] *Tradiciones de Toledo, op. cit.*, p. 265.

colección canónica de tradiciones toledanas, hasta el punto de que su tradición de «Galiana» fue puesta en verso neorromántico por José Quilis y publicada en su único libro de *Leyendas hispano-americanas* (1908), dedicado íntegramente a las leyendas de Toledo. La de Galiana se titula «La venganza de Aben-Zaide»[39] y sigue fielmente el argumento de la de Olavarría, incluso en lo referido al nombre del rival moro de Carlos, inventado por aquel. Lo mismo puede decirse del «poema modernista, narrati-

[39] José Quilis, «La venganza de Aben-Zaide», *Leyendas hispano-americanas escritas en verso*, Madrid, El Trabajo, 1908, pp. 49-85.
[40] Daniel Pineda Novo, *El otro Machado*, Sevilla, Guadalquivir, 2006, p. 59.

vo»[40] titulado «Galiana», una de las *Leyendas toledanas en verso* (1929) de Francisco Machado[41]. Así pues, dada la merecida fama de aquellas *Tradiciones de Toledo*, no cabe descartar que Ruyra tuviera en cuenta las novedades introducidas por Olavarría en «Galiana», aunque *Rodamonte* es una obra indudablemente original.

---

[41] Francisco Machado, «Galiana», *Leyendas toledanas en verso*, Toledo, Sebastián Rodríguez, 1929, pp. 17-22.

Rodamonte, la culminación literaria moderna de la leyenda de Galiana

Aunque los juicios de valor son siempre arriesgados y discutibles en materia de literatura, la lectura de las leyendas románticas sobre los amores de Carlos y Galiana que hemos repasado, incluso de aquellas escritas por autores reputados y la misma «Galiana» de Olavarría, nos hace afirmar que palidecen ante el esplendor estilístico y la perfección estructural de la narración de *Rodamonte*.

Su escritura parte del modelo de prosa poética que caracteriza las leyendas y narraciones fabulosas de Gustavo Adolfo Bécquer, empezando por «El caudillo de las manos rojas» (1859), cuya división en capítulos muy breves, que tienen la apariencia de estampas líricas, siguió Ruyra en *Rodamonte*. Estos capitulillos, sobre todo los iniciales de la leyenda, comprenden ricas descripciones del paisaje toledano y de los palacios construidos por sus reyes musulmanes, incluido Galafre, el padre de Galiana, un palacio cuya belleza se presenta de forma retóricamente suntuosa también en otros pasajes de la leyenda. En conjunto, todas estas descripciones, que permiten variar el ritmo de la narración sin alterarlo en exceso, dibujan un espacio feraz, paradisíaco, incomparable. Estos adjetivos, que no han de extrañar si recordamos el verdor de la vega toledana y el cuidado con que los musulmanes cuidaban sus huertos y jardines, se ponen en boca tanto de los habitantes moros del lugar como del visitante Carlos, que no puede menos que quedar impresionado ante tanta frondosidad y belleza. No hay nada que se le compare en el París de donde viene ese descendiente (hijo, según Ruyra; nieto, según la historia) del poderoso monarca franco Carlos Martel.

El legítimo orgullo de los toledanos se sustenta en un grado de refinamiento cultural y artístico que, en efecto, era entonces muy superior al de los francos y los demás cristianos del occidente europeo. Esta realidad no se afirma con la autoridad del narrador, sino que se presenta a través de un diálogo que anima las descripciones al enmarcarlas en una situación elocutiva verosímil, a la par que poética, tal y como sugiere la bella escena de las yeguas favoritas de la princesa que los moros bañan en el río, y sobre lo que se insiste mediante unas repeticiones paralelísticas que remansan el ritmo de la narración para que la vista se recree en la hermosa imagen de los gallardos animales.

El diálogo también sirve para introducir de forma natural y fluida la situación inicial de los personajes principales, con un Carlos que parece visitar Toledo en misión de exploración, aunque no podrá menos que quedar prendado de la princesa Galiana, tras haber oído de sus primeros interlocutores toledanos los subidos elogios que hacen de la belleza de la joven, acorde con la no menor hermosura del palacio que la alberga. Así despiertan la curiosidad del joven príncipe, el cual cae pronto en esa dulce trampa amorosa que le tiende el propio Galafre, deseoso de aliarse con el reino franco, al presentarle a su hija. Ruyra suprime todo obstáculo oficial al amor mutuo de los dos príncipes, un amor que se describe como un sentimiento delicado y puro, de acuerdo con el idealismo romántico. Carlos se podrá casar con ella y llevársela a reinar junto a él a París, sin que haya obstáculo confesional al enlace, pues la conversión de la joven al cristianismo se produce ya lejos de Toledo y sin que el narrador indique que ello suponga superioridad alguna de una confesión sobre otra.

Sin embargo, este final feliz ha de superar antes un obstáculo. Los moros que bañan las yeguas en las aguas del Tajo no solo hablan a Carlos de Galiana, sino también de un rival peligroso que, pese a su hidalguía y valor que concita la admiración de aquellos, está tan enamorado de la princesa que ha jurado matar a quien se case con ella, en la misma noche de bodas. Esta promesa es claro indicio tanto de su ferocidad como de su obsesión enfermiza, pues nunca habría podido ganar la mano de Galiana, por no ser un pretendiente de sangre real, como exigía Galafre. Ruyra no indica que sea el régulo de Guadalajara, como era la tradición. Se trata simplemente de un guerrero extraordinario, pero brutal por no saber encauzar sus emociones y por ser tan incapaz de dominarse como el rey moro Rodamonte del *Orlando innamorato* (edición completa, 1495), de Matteo Maria Boiardo, y del *Orlando furioso* (edición completa, 1532), de Ludovico Ariosto[42], y de ahí seguramente que Ruyra hubiera empleado ese nombre en lugar del tradicional de Bradamante. Rodamonte ha abandonado incluso su oficio militar, faltando a su obligación para con su rey y religión, para errar plañidero en torno al alcázar de Galiana, al acecho de cualquier rival más afortunado y espantando incluso a príncipes, tanto moros como cristia-

---

[42] Sobre el carácter de este personaje, muy semejante al de Ruyra, puede consultarse el artículo siguiente: Jo Ann Cavallo, «The Pathways of Knowledge in Boiardo and Ariosto: The Case of Rodamonte», *Italica*, 79, 3 (2002), pp. 305-320. Existe una comedia castellana publicada en 1638 titulada *Los celos de Rodamonte*, sobre la que trata el estudio de Sabatino Maglione titulado «Nota sobre la fecha y las fuentes de *Los celos de Rodamonte*», *Bulletin of the Comediantes*, 35, 2 (1983), pp. 153-164.

nos, que hubieran deseado casarse con ella, pero que han renunciado a pretenderla por el riesgo de morir a manos del gigantesco enamorado.

La pasión devoradora de Rodamonte, que es el verdadero héroe del relato si juzgamos por el hecho de que le da su nombre, lo convierte en una figura trágica, llena de lo que los antiguos griegos llamaban *hybris*. Como en la tragedia griega, tal *hybris* acabará perdiéndolo cuando intente cumplir su promesa y salga al encuentro de Carlos para matarlo en combate privado[43]. Sin embargo, no procede a trai-

---

[43] Puesto que Galafre ha promovido el enlace de su hija con Carlos, no cabía un duelo público, a diferencia de las otras versiones de la leyenda según las cuales el príncipe franco no contaba necesariamente con la anuencia del padre de la joven.

ción, sino que lo reta a un duelo en debida forma, lo que matiza la idea de su brutalidad que legítimamente se podían haber hecho de él los lectores. El celoso es realmente un caballero y la lucha se desarrolla en buena lid, según la describe Ruyra con una dosificación magistral de los detalles, para beneficio de la intriga. En ese pasaje, igual que en otros de la leyenda, Ruyra demuestra su habilidad narrativa, que le permitió adoptar un lenguaje poético sin que ello fuera en detrimento de la acción. Esta se frena unas veces y se acelera otras, de modo que se garantiza, a la vez, un ritmo variado y el adecuado equilibrio del conjunto, sin las digresiones y la prolijidad que aqueja en ocasiones a su obra narrativa en catalán, demasiado deudora del anhelo imposible del realismo de dar cumplida noticia de todo.

La herencia romántica de Rodamonte hizo que Ruyra insistiera sobre todo en lo estético sensorial y emotivo más que en lo documental de índole costumbrista que abunda en sus relatos catalanes de ambientación contemporánea. El resultado es una narración que cabe considerar entre las mejores que haya producido nunca el género de la leyenda toledana, a la altura de las de Bécquer, con las que coincide también por su recurso a lo fantástico.

En el último capitulillo de *Rodamonte* se cuenta el hecho, no comprobado (se dice que «es fama» que ocurre, no que ocurra realmente), de que la cabeza desecada del gigante decapitado por Carlos da señales de vida y expresa con sus ojos de sombra la tristeza que siente ante la vista de una pareja de enamorados, sin duda revivida así su propia pasión. Como reza el célebre verso de Francisco de Quevedo, su amor vence a la muerte, es «polvo enamorado». Esta imagen, que se relaciona con la imaginada por Olavarría del fantasma de Bradamante en su «Galiana», genera una atmósfera de terror al modo *gótico* victoriano, que parece tanto más eficaz por cuanto se inserta en un ambiente real[44]. Sin embargo, lo macabro de la imagen de la cabeza cortada y

---

[44] Según afirma Julià en *Joaquim Ruyra, narrador, op. cit.*, p. 29, el autor «[s]ap transformar el fet concret en una amenaça constant, en un element fantàstic i corprenedor inserit en el real» [sabe transformar el hecho concreto en una amenaza

fugazmente rediviva no explota el sensacionalismo, ya que *Rodamonte* se termina con otra imagen que retoma el logrado esteticismo de los primeros capítulos de la leyenda. La descripción final («la cabeza inmóvil e inanimada parecía una vetusta escultura cincelada en medio de los florones de la puerta») es un cierre de oro que, creemos, podría bastar para demostrar la maestría retórica de Ruyra y su categoría de gran escritor también en castellano, al menos por esta leyenda, que le hace ampliamente merecedor del reconocimiento de Toledo, su primera ciudad literaria de adopción.

---

constante, en un elemento fantástico y cautivador insertado en lo real].

ÍNDICE

Rodamonte   9

APÉNDICE
El *Rodamonte* de Joaquim Ruyra,
una versión sobresaliente de la leyenda
de la princesa Galiana
(Mariano Martín Rodríguez)   43
* La obra juvenil y toledana de un clásico
moderno de la literatura catalana   45
* La princesa Galiana, heroína de épica
medieval y de leyenda romántica   61
* Rodamonte, la culminación literaria
moderna de la leyenda de Galiana   84

TÍTULOS DE LA COLECCIÓN

1 *La venta del alma*, de Mario Roso de Luna
2 *De Toledo a la Luna, viaje aéreo*, de Abdón de Paz
3 *Leyenda de Atalo, héroe toledano*, de Jesús Muñoz
4 *Rodamonte*, de Joaquim Ruyra

Ledoria,
desaforado amor por la palabra